MP3 다운로드 방법

컴퓨터에서
- 네이버 블로그 주소란에 **www.lancom.co.kr** 입력 또는 네이버 블로그 검색창에 **랭컴**을 입력하신 후 다운로드

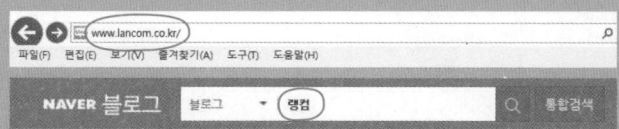

- **www.webhard.co.kr**에서 직접 다운로드
  아이디 : lancombook
  패스워드 : lancombook

스마트폰에서 **콜롬북스 앱**을 통해서 본문 전체가 녹음된 **MP3** 파일을 **무료**로 **다운로드**할 수 있습니다.

- 구글플레이·앱스토어에서 **콜롬북스 앱** 다운로드 및 설치
- 회원 가입 없이 원하는 도서명을 검색 후 **MP3 다운로드**
- 회원 가입 시 더 다양한 **콜롬북스** 서비스 이용 가능

▶ mp3 다운로드
www.lancom.co.kr에 접속하여 mp3파일을 무료로 다운로드합니다.

▶ 우리말과 일본인의 1 : 1 녹음
책 없이도 공부할 수 있도록 일본인 남녀가 자연스런 속도로 번갈아가며 일본어 문장을 녹음하였습니다. 우리말 한 문장마다 일본인 남녀 성우가 각각 1번씩 읽어주기 때문에 한 문장을 두 번씩 듣는 효과가 있습니다.

▶ mp3 반복 청취
교재를 공부한 후에 녹음을 반복해서 청취하셔도 좋고, 일본인의 녹음을 먼저 듣고 잘 이해할 수 없는 부분은 교재로 확인해보는 방법으로 공부하셔도 좋습니다. 어떤 방법이든 자신에게 잘 맞는다고 생각되는 방법으로 꼼꼼하게 공부하십시오. 보다 자신 있게 일본어를 할 수 있게 될 것입니다.

▶ 정확한 발음 익히기
발음을 공부할 때는 반드시 함께 제공되는 mp3 파일을 이용하시기 바랍니다. 일본어를 배울 때 듣는 것이 중요하다는 것은 두말할 필요가 없습니다. 오랫동안 자주 반복해서 듣는 연습을 하다보면 어느 순간 갑자기 말문이 열리게 되는 것을 경험할 수 있을 것입니다. 의사소통을 잘 하기 위해서는 말을 잘하는 것도 중요하지만 상대가 말하는 것을 정확하게 듣는 것이 더 중요하다고 합니다. 활용도가 높은 기본적인 표현을 가능한 한 많이 암기할 것과, 동시에 일본인이 읽어주는 문장을 지속적으로 꾸준히 듣는 연습을 병행하시기를 권해드립니다. 듣는 연습을 할 때는 실제로 소리를 내어 따라서 말해보는 것이 더욱 효과적입니다.

쓰면서 말해봐
일본어회화
기본편

쓰면서 말해봐 일본어회화 기본편

2017년 11월 20일 초판 1쇄 인쇄
2024년 02월 10일 초판 9쇄 발행

지은이 박해리
발행인 손건
편집기획 김상배, 장수경
마케팅 이언영
디자인 이성세
제작 최승용
인쇄 선경프린테크

발행처 **LanCom** 랭컴
주소 서울시 영등포구 영신로34길 19
등록번호 제 312-2006-00060호
전화 02) 2636-0895
팩스 02) 2636-0896
홈페이지 www.lancom.co.kr
이메일 elancom@naver.com

ⓒ 랭컴 2017
ISBN 979-11-88112-33-3 13730

이 책의 저작권은 저자에게 있습니다. 저자와 출판사의 허락없이
내용의 일부를 인용하거나 발췌하는 것을 금합니다.

쓰면서 말해봐 일본어회화

Write and Talk!

기본편

박해리 지음

LanCom
Language & Communication

 들어가며

일본어회화를 위한 4단계 공부법

읽기 듣기 말하기 쓰기 4단계 일본어 공부법은 가장 효과적이라고 알려진 비법 중의 비법입니다. 아무리 해도 늘지 않던 일본어 공부, 이제 **읽듣말쓰 4단계** 공부법으로 팔 걷어붙이고 달려들어 봅시다!

읽기

왕초보라도 문제없이 읽을 수 있도록 일본인 발음과 최대한 비슷하게 우리말로 발음을 달아 놓았습니다. 우리말 해석과 일본어 표현을 눈으로 확인하며 읽어보세요.

✓ **check point!**
- 같은 상황에서 쓸 수 있는 6개의 표현을 확인한다.
- 우리말 해석을 보면서 일본어 표현을 소리 내어 읽는다.

듣기

책 없이도 공부할 수 있도록 우리말 해석과 일본어 문장이 함께 녹음되어 있습니다. 출퇴근 길, 이동하는 도중, 기다리는 시간 등, 아까운 자투리 시간을 100% 활용해 보세요. 듣기만 해도 공부가 됩니다.

- 우리말 해석과 일본인 발음을 서로 연관시키면서 듣는다.
- 일본인 발음이 들릴 때까지 반복해서 듣는다.

쓰기

일본어 공부의 완성은 쓰기! 손으로 쓰면 우리의 두뇌가 훨씬 더 확실하게, 오래 기억한다고 합니다. 맞쪽에 있는 노트는 공부한 것을 확인하며 쓸 수 있도록 최적화되어 있습니다. 정성껏 쓰다 보면 생각보다 일본어 문장이 쉽게 외워진다는 사실에 깜짝 놀라실 거예요..

✓ check point!

- 적혀 있는 그대로 읽으면서 따라 쓴다.
- 일본인의 발음을 들으면서 쓴다.
- 표현을 최대한 머릿속에 떠올리면서 쓴다.

말하기

듣기만 해서는 절대로 입이 열리지 않습니다. 일본인 발음을 따라 말해보세요. 계속 듣고 말하다 보면 저절로 발음이 자연스러워집니다.

✓ check point!

- 일본인 발음을 들으면서 최대한 비슷하게 따라 읽는다.
- 우리말 해석을 듣고 mp3를 멈춘 다음, 일본어 문장을 떠올려 본다.
- 다시 녹음을 들으면서 맞는지 확인한다.

대화 연습

문장을 아는 것만으로는 충분하지 않습니다. 대화를 통해 문장의 쓰임새와 뉘앙스를 아는 것이 무엇보다 중요하기 때문에 6개의 표현마다 대화문을 하나씩 두었습니다.

✓ check point!

- 대화문을 읽고 내용을 확인한다.
- 대화문 녹음을 듣는다.
- 들릴 때까지 반복해서 듣는다.

이 책의 내용

PART 01 인사 표현

- 01 인사할 때 — 12
- 02 외출할 때 — 14
- 03 근황을 물을 때 — 16
- 04 처음 만났을 때 — 18
- 05 오랜만에 만났을 때 — 20
- 06 헤어질 때 — 22
- 07 고마울 때 — 24
- 08 미안할 때 — 26
- 09 축하할 때 — 28
- 10 환영할 때 — 30

PART 02 대화·의사 표현

- 01 사람을 부를 때 — 34
- 02 맞장구칠 때 — 36
- 03 되물을 때 — 38
- 04 질문할 때 — 40
- 05 부탁할 때 — 42
- 06 제안하거나 권유할 때 — 44
- 07 이해했는지 묻고 답할 때 — 46
- 08 의견을 묻고 답할 때 — 48
- 09 허락을 요청할 때 — 50
- 10 찬성하거나 반대할 때 — 52

PART 03 자기소개 표현

- 01 개인 신상에 대해 말할 때 — 56
- 02 가족에 대해 말할 때 — 58
- 03 학교에 대해 말할 때 — 60
- 04 학교생활에 대해 말할 때 — 62
- 05 직장에 대해 말할 때 — 64
- 06 직장생활에 대해 말할 때 — 66
- 07 거주지에 대해 말할 때 — 68
- 08 연애에 대해 말할 때 — 70
- 09 결혼에 대해 말할 때 — 72
- 10 결혼생활에 대해 말할 때 — 74

PART 04 감정 표현

01	행복과 행운을 빌 때	78
02	기쁘거나 즐거울 때	80
03	감탄하거나 칭찬할 때	82
04	실망하거나 낙담할 때	84
05	후회할 때	86
06	화날 때	88
07	슬프거나 외로울 때	90
08	놀랍거나 무서울 때	92
09	걱정하거나 위로할 때	94
10	좋고 싫음을 나타낼 때	96

PART 05 화제 표현

01	건강에 대해 말할 때	100
02	성격에 대해 말할 때	102
03	식성과 맛에 대해 말할 때	104
04	외모에 대해 말할 때	106
05	옷차림에 대해 말할 때	108
06	시간에 대해 말할 때	110
07	날짜와 요일에 대해 말할 때	112
08	날씨에 대해 말할 때	114
09	계절에 대해 말할 때	116
10	술과 담배에 대해 말할 때	118

PART 06 취미와 여가 표현

01	취미에 대해 말할 때	122
02	여가활동에 대해 말할 때	124
03	오락에 대해 말할 때	126
04	책과 신문에 대해 말할 때	128
05	음악에 대해 말할 때	130
06	그림에 대해 말할 때	132
07	텔레비전에 대해 말할 때	134
08	영화나 연극에 대해 말할 때	136
09	운동이나 스포츠에 대해 말할 때	138
10	여행에 대해 말할 때	140

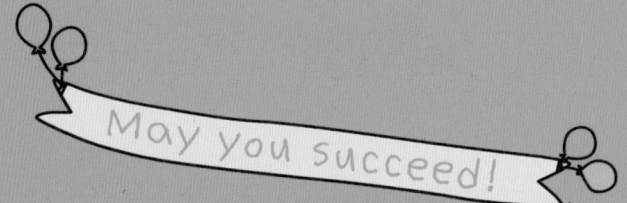

PART 01

書くことで会話が身につく

✫ 눈으로 읽고
✫ 귀로 듣고
✫ 손으로 쓰고
✫ 입으로 소리내어 말한다!

인사 표현

Unit 01 인사할 때

>> 녹음을 듣고 소리내어 읽어볼까요?   << 듣기 >>

안녕하세요. (아침)
おはようございます。
오하요- 고자이마스

안녕. (아침)
おはよう。
오하요-

안녕하세요. (낮)
こんにちは。
곤니찌와

안녕하세요. (저녁)
こんばんは。
곰방와

날씨가 좋네요.
いい天気ですね。
이- 텡끼데스네

안녕히 주무세요.
おやすみなさい。
오야스미나사이

Conversation

A: きょうはいい天気ですね。
B: ほんとうにそうですね。
오늘은 날씨가 좋군요.
정말 그렇군요.

또박또박 쓰면서 말해볼까요?

おはようございます。

おはよう。

こんにちは。

こんばんは。

いい天気ですね。

おやすみなさい。

 # Unit 02 외출할 때

>> 녹음을 듣고 소리내어 읽어볼까요?

다녀올게요.
行ってきます。
잇떼 기마스

다녀오겠습니다.
行ってまいります。
잇떼 마이리마스

잘 다녀오세요.
いっていらっしゃい。
잇떼 이랏샤이

다녀왔습니다.
ただいま。
다다이마

어서 오세요.
おかえりなさい。
오까에리나사이

조심해서 다녀와요.
気をつけてね。
기오 쓰케떼네

Conversation

A: いってらっしゃい。
B: 行ってきます。
　 잘 다녀오셔요.
　 다녀오겠습니다.

>> 또박또박 쓰면서 말해볼까요?　　　　　　　　　　　　　　>> 말하기 <<

✎ 行ってきます。

✎ 行ってまいります。

✎ いっていらっしゃい。

✎ ただいま。

✎ おかえりなさい。

✎ 気をつけてね。

Unit 03 근황을 물을 때

>> 녹음을 듣고 소리내어 읽어볼까요?

잘 지내시죠?

お元気ですか。
げんき

오겡끼데스까

별일 없으세요?

おかわりありませんか。

오까와리 아리마셍까

요즘 어떠신가요?

このごろはいかがですか。

고노고로와 이까가데스까

일은 어떠세요?

仕事はどうですか。
しごと

시고또와 도-데스까

그저 그래요.

まあまあです。

마-마-데스

좋아 보이네요.

お元気そうですね。
げんき

오겡끼 소-데스네

Conversation

A: お元気ですか。
げんき
B: はい、おかげさまで元気です。
げんき

잘 지내십니까?
네, 덕분에 잘 지냅니다.

16 • 쓰면서 말해봐 기본편

또박또박 쓰면서 말해볼까요? » 말하기 «

✎ お元気ですか。

✎ おかわりありませんか。

✎ このごろはいかがですか。

✎ 仕事はどうですか。

✎ まあまあです。

✎ お元気そうですね。

 # Unit 04 처음 만났을 때

>> 녹음을 듣고 소리내어 읽어볼까요?　　　　　　　　　　　 듣기

처음 뵙겠습니다.

はじめまして。
하지메마시떼

잘 부탁합니다.

どうぞよろしく。
도-조 요로시꾸

저야말로 잘 부탁합니다.

こちらこそどうぞよろしく。
고찌라꼬소 도-조 요로시꾸

잘 부탁드립니다.

どうぞよろしくお願いします。
도-조 요로시꾸 오네가이시마스

뵙게 되어 기쁩니다.

おめにかかれてうれしいです。
오메니카까레떼 우레시-데스

뵙게 되어 영광입니다.

おめにかかれて光栄です。
오메니카까레떼 코-에-데스

 **Conversation**

A: はじめまして。どうぞよろしく。
B: お会いできてうれしいです。

처음 뵙겠습니다. 잘 부탁드립니다.
만나서 반갑습니다.

>> 또박또박 쓰면서 말해볼까요?   >> 말하기 <<

✎ はじめまして。

✎ どうぞよろしく。

✎ こちらこそどうぞよろしく。

✎ どうぞよろしくお願いします。

✎ おめにかかれてうれしいです。

✎ おめにかかれて光栄です。

 **Unit 05 오랜만에 만났을 때**

>> 녹음을 듣고 소리내어 읽어볼까요? 　듣기

오랜만이군요.

おひさしぶりですね。

오히사시부리데스네

오래간만입니다.

しばらくでした。

시바라꾸데시다

오랫동안 격조했습니다.

なが
長らくごぶさたしております。

나가라꾸 고부사따시떼 오리마스

뵙고 싶었어요.

あ
お会いしたかったんです。

오아이시타깟딴데스

그동안 어떻게 지냈어요?

ご
その後どうでしたか。

소노고 도-데시다까

별고 없으셨지요?

おかわりありませんでしたか。

오까와리 아리마센데시다까

Conversation

A: おひさしぶりですね。
　　たなか
B: 田中くん、ひさしぶりだね。

오랜만이군요.
다나카, 오랜만이야.

또박또박 쓰면서 말해볼까요? 　　　　　　　　　　　　　　　말하기

✏ おひさしぶりですね。

✏ しばらくでした。

✏ 長らくごぶさたしております。

✏ お会いしたかったんです。

✏ その後どうでしたか。

✏ おかわりありませんでしたか。

 # Unit 06 헤어질 때

>> 녹음을 듣고 소리내어 읽어볼까요?  듣기

안녕히 가세요(계세요).
さようなら。
사요-나라

안녕히 가세요.
ごきげんよう。
고끼겡요-

그럼, 또 내일 봐요.
では、またあした。
데와, 마따 아시따

그럼, 또 봐.
じゃ、またね。
쟈, 마따네

또 만나요.
また会いましょう。
마따 아이마쇼-

모두에게 안부 전해 주세요.
みなさまによろしく。
미나사마니 요로시꾸

A: ごきげんよう。
B: さようなら。また会う日まで。
안녕.
다시 만날 때까지 안녕.

또박또박 쓰면서 말해볼까요? 　　　　말하기

✎ さようなら。

✎ ごきげんよう。

✎ では、またあした。

✎ じゃ、またね。

✎ また会いましょう。

✎ みなさまによろしく。

 Unit 07 **고마울 때**

>> 녹음을 듣고 소리내어 읽어볼까요? 　**듣기**

고마워요.

ありがとう。

아리가또-

대단히 고맙습니다.

どうもありがとうございます。

도-모 아리가또- 고자이마스

그동안 감사했습니다.

今まで ありがとうございました。
　いま

이마마데 아리가또- 고자이마시다

여러 가지로 신세가 많았습니다.

いろいろ おせわに なりました。

이로이로 오세와니 나리마시다

천만에요.

どういたしまして。

도- 이따시마시떼

저야말로.

こちらこそ。

고찌라꼬소

Conversation

A: ほんとうに ありがとうございます。

B: どういたしまして。

정말로 고맙습니다.
천만에요.

>> 또박또박 쓰면서 말해볼까요? >> 말하기

✎ ありがとう。

✎ どうもありがとうございます。

✎ 今までありがとうございました。

✎ いろいろおせわになりました。

✎ どういたしまして。

✎ こちらこそ。

Unit 08 미안할 때

>> 녹음을 듣고 소리내어 읽어볼까요?

듣기

미안해요.

ごめんなさい。

고멘나사이

죄송합니다.
もう
申しわけありません。

모-시와께 아리마셍

늦어서 미안해요.
おく
遅れてすみません。

오꾸레떼 스미마셍

기다리게 해서 죄송합니다.
ま
お待たせしてすみませんでした。

오마따세시떼 스미마센데시다

실례했습니다.
しつれい
失礼しました。

시쯔레-시마시다

괜찮아요.

いいんですよ。

이인데스요

Conversation

A: あっ、ごめんなさい。大丈夫ですか。
B: ええ、わたしは大丈夫です。

앗, 미안해요. 괜찮으세요?
예, 저는 괜찮아요.

26 • 쓰면서 말해봐 기본편

>> 또박또박 쓰면서 말해볼까요?　　　　　　　　　　　　　　>> 말하기 <<

✏ ごめんなさい。

✏ 申しわけありません。

✏ 遅れてすみません。

✏ お待たせしてすみませんでした。

✏ 失礼しました。

✏ いいんですよ。

 **Unit 09 축하할 때**

» 녹음을 듣고 소리내어 읽어볼까요?   **듣기**

축하해요.
おめでとう。
오메데또-

축하합니다.
おめでとうございます。
오메데또- 고자이마스

진심으로 축하드립니다.
こころからお祝い申し上げます。
고꼬로까라 오이와이 모-시아게마스

생일 축하해.
お誕生日おめでとう。
오딴죠-비 오메데또-

축하해요. 다행이네요.
おめでとう。よかったですね。
오메데또-. 요캇따데스네

당신 덕분입니다.
あなたのおかげです。
아나따노 오까게데스

Conversation

A: 誕生日おめでとう。
B: ありがとう。
생일 축하해.
고마워.

또박또박 쓰면서 말해볼까요?

✏ おめでとう。

✏ おめでとうございます。

✏ こころからお祝い申し上げます。

✏ お誕生日おめでとう。

✏ おめでとう。よかったですね。

✏ あなたのおかげです。

환영할 때

>> 녹음을 듣고 소리내어 읽어볼까요?

어서 오세요!
いらっしゃい!
이랏샤이

자 들어오십시오!
どうぞお入（はい）りください!
도-조 오하이리 구다사이

대환영입니다.
大歓迎（だいかんげい）です。
다이캉게-데스

잘 오셨습니다.
ようこそおいでくださいました。
요-꼬소 오이데 구다사이마시다

진심으로 환영합니다.
こころより歓迎（かんげい）いたします。
고꼬로요리 캉게- 이따시마스

꼭 오십시오.
ぜひいらしてください。
제히 이라시떼 구다사이

Conversation

A: ようこそ韓国（かんこく）へ。
B: はい、どうも。
한국에 잘 오셨습니다.
네, 고마워요.

 >> 또박또박 쓰면서 말해볼까요?  >> 말하기 <<

いらっしゃい!

どうぞお入りください!

大歓迎です。

ようこそおいでくださいました。

こころより歓迎いたします。

ぜひいらしてください。

 대화 연습 PART 01

● 대화 내용의 녹음을 듣고 우리말을 일본어로 말해 보세요.

Unit 01
A: 오늘은 날씨가 좋군요.
B: ほんとうにそうですね。

Unit 02
A: いってらっしゃい。
B: 다녀오겠습니다.

Unit 03
A: お元気ですか。
B: はい、덕분에 잘 지냅니다.

Unit 04
A: はじめまして。どうぞよろしく。
B: 만나서 반갑습니다.

Unit 05
A: 오랜만이군요.
B: 田中くん、ひさしぶりだね。

Unit 06
A: ごきげんよう。
B: 다시 만날 때까지 안녕.

Unit 07
A: 정말로 고맙습니다.
B: どういたしまして。

Unit 08
A: あっ、미안해요. 괜찮으세요?
B: ええ、わたしは大丈夫です。

Unit 09
A: 생일 축하해.
B: ありがとう。

Unit 10
A: 한국에 잘 오셨습니다.
B: はい、どうも。

PART 02

書くことで会話が身につく

✭ 눈으로 읽고
✭ 귀로 듣고
✭ 손으로 쓰고
✭ 입으로 소리내어 말한다!

대화·의사 표현

 # Unit 01 사람을 부를 때

>> 녹음을 듣고 소리내어 읽어볼까요?   듣기

저기요.
あのね。
아노네

이봐. 어딜 가는 거야?
おい、どこへ行くんだ。
오이, 도꼬에 이꾼다

저, 미안합니다.
あの、すみません。
아노, 스미마셍

여보세요.
もしもし。
모시모시

잠깐 실례해요.
ちょっとすみません。
촛또 스미마셍

잠깐만요.
ちょっと待って。
촛또 맛떼

Conversation

A: あのう、吉村さん。
B: はい、田中さん。どうしました?

저―, 요시무라 씨!
네, 다나카 씨. 무슨 일이죠?

 >> 또박또박 쓰면서 말해볼까요?

あのね。

おい、どこへ行くんだ。

あの、すみません。

もしもし。

ちょっとすみません。

ちょっと待って。

 # Unit 02 맞장구칠 때

»» 녹음을 듣고 소리내어 읽어볼까요?

맞아요.
そのとおりです。
소노 도-리데스

그러면 좋겠군요.
そうだといいですね。
소-다또 이-데스네

그랬어요?
そうでしたか。
소-데시다까

그래요, 그거 안됐군요.
そうですか、それはいけませんね。
소-데스까, 소레와 이께마센네

그래요, 몰랐어요.
そうですか、知りませんでした。
소-데스까, 시리마센데시다

나도 그렇게 생각해요.
わたしもそう思いますね。
와따시모 소- 오모이마스네

Conversation

A: そのとおりですね。
B: そうですよ。おっしゃるとおりです。
　 그래 맞아요.
　 그래요. 맞는 말씀입니다.

>> 또박또박 쓰면서 말해볼까요?   >> 말하기 <<

✎ そのとおりです。

✎ そうだといいですね。

✎ そうでしたか。

✎ そうですか、それはいけませんね。

✎ そうですか、知りませんでした。

✎ わたしもそう思いますね。

 # Unit 03 되물을 때

>> 녹음을 듣고 소리내어 읽어볼까요?

네?
はい?
하이

뭐라고요?
なんですって?
난데슷떼

뭐요?
なに?
나니

뭐라고 하셨어요?
なんとおっしゃいましたか。
난또 옷샤이마시다까

무슨 일이에요?
なんでしょうか。
난데쇼-까

저 말이에요?
わたしのことですか。
와따시노 고또데스까

Conversation

A: なんですって?
B: だから、言ったじゃないの。

뭐라고요?
그러니까, 말했잖아.

 >> 또박또박 쓰면서 말해볼까요?  >> 말하기 <<

✎ はい？

✎ なんですって？

✎ なに？

✎ なんとおっしゃいましたか。

✎ なんでしょうか。

✎ わたしのことですか。

# Unit 04 질문할 때

>> 녹음을 듣고 소리내어 읽어볼까요?　　　　듣기

하나 더 질문이 있습니다.
もうひとつ、質問があります。
모- 히또쯔, 시쯔몽가 아리마스

그건 무슨 뜻이에요?
それはどういう意味ですか。
소레와 도-유- 이미데스까

네, 그래요.
はい、そうです。
하이, 소-데스

네, 알겠어요.
はい、わかりました。
하이, 와까리마시다

아뇨, 그렇지 않아요.
いいえ、そうじゃありません。
이-에, 소-쟈 아리마셍

아뇨, 달라요.
いいえ、ちがいます。
이-에, 치가이마스

Conversation

A: もうひとつ、質問があります。
B: はい、何ですか。

하나 더 질문이 있습니다.
네, 뭐죠?

>> 또박또박 쓰면서 말해볼까요?   >> 말하기

- もうひとつ、質問があります。
- それはどういう意味ですか。
- はい、そうです。
- はい、わかりました。
- いいえ、そうじゃありません。
- いいえ、ちがいます。

Unit 05 부탁할 때

>> 녹음을 듣고 소리내어 읽어볼까요?

부탁드려도 될까요?
お願いしてもいいですか。
오네가이시떼모 이-데스까

부탁이 있는데요.
お願いがあるんですが。
오네가이가 아룬데스가

잠깐 괜찮아요?
ちょっといいですか。
촛또 이-데스까

좀 도와줄래요?
ちょっと手伝ってくれますか。
촛또 데쓰닷떼 구레마스까

예, 그러세요.
ええ、どうぞ。
에-, 도-조

좀 생각해 볼게요.
ちょっと考えておきます。
촛또 강가에떼 오끼마스

Conversation

A: わたしが案内しましょう。
B: どうも、よろしければお願いします。
내가 안내할게요.
고마워요, 괜찮다면 부탁할게요.

>> 또박또박 쓰면서 말해볼까요? >> 말하기

- お願いしてもいいですか。

- お願いがあるんですが。

- ちょっといいですか。

- ちょっと手伝ってくれますか。

- ええ、どうぞ。

- ちょっと考えておきます。

 # Unit 06 제안하거나 권유할 때

>> 녹음을 듣고 소리내어 읽어볼까요?

제안이 하나 있는데요.
ひとつ提案があるんですが。
히토쯔 테-앙가 아룬데스가

좋은 생각이 있는데요.
いい考えがあるんですが。
이- 캉가에가 아룬데스가

이런 식으로 해보면 어떨까요?
こんなふうにしてみたらどうですか。
곤나 후-니 시떼 미따라 도-데스까

이건 어떻습니까?
これはいかがですか。
고레와 이까가데스까

물론이죠.
もちろんです。
모찌론데스

아뇨, 됐어요.
いいえ、けっこうです。
이-에, 걱꼬-데스

Conversation

A: お茶をどうぞ。
B: これは何のお茶ですか。
　차 좀 드세요.
　이건 무슨 차예요?

>> 또박또박 쓰면서 말해볼까요?   >> 말하기

- ひとつ提案があるんですが。

- いい考えがあるんですが。

- こんなふうにしてみたらどうですか。

- これはいかがですか。

- もちろんです。

- いいえ、けっこうです。

 ## Unit 07 이해했는지 묻고 답할 때

>> 녹음을 듣고 소리내어 읽어볼까요?

이제 알겠어요?
これでわかりますか。
고레데 와까리마스까

말하는 것을 알겠어요?
言っていることがわかりますか。
잇떼이루 고또가 와까리마스까

그렇군요, 알겠어요.
なるほど、わかります。
나루호도, 와까리마스

모르겠어요.
わかりません。
와까리마셍

잘 모르겠어요.
よくわからないのです。
요꾸 와까라나이노데스

정말로 몰라요.
ほんとうに知らないんです。
혼또-니 시라나인데스

Conversation

A: ここまでわかりましたか。
B: はい、わかりました。もう少し進んでください。
여기까지 알겠어요?
네, 알았어요. 좀 더 하세요.

  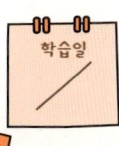

또박또박 쓰면서 말해볼까요?

- これでわかりますか。
- 言っていることがわかりますか。
- なるほど、わかります。
- わかりません。
- よくわからないのです。
- ほんとうに知らないんです。

Unit 08 의견을 묻고 답할 때

>> 녹음을 듣고 소리내어 읽어볼까요?   듣기

당신은 어떻게 생각하세요?

あなたはどう思いますか。

아나따와 도- 오모이마스까

당신의 의견은 어때요?

あなたの意見はどうですか。

아나따노 이껭와 도-데스까

제 생각을 말할게요.

わたしの考えを言わせてください。

와따시노 강가에오 이와세떼 구다사이

제 의견을 말씀드릴게요.

わたしの意見を申し上げます。

와따시노 이껭오 모-시아게마스

그렇게 생각해요.

そう思います。

소- 오모이마스

그렇게 생각하지 않아요.

そう思いません。

소- 오모이마셍

Conversation

A: あなたはどう思いますか。
B: わたしも同感です。

당신은 어떻게 생각하세요?
저도 같은 생각이에요.

 >> 또박또박 쓰면서 말해볼까요?  >> 말하기 <<

- あなたはどう思いますか。

- あなたの意見はどうですか。

- わたしの考えを言わせてください。

- わたしの意見を申し上げます。

- そう思います。

- そう思いません。

 # Unit 09 허락을 요청할 때

>> 녹음을 듣고 소리내어 읽어볼까요?

안에 들어가도 될까요?

中へ入ってもいいですか。
なか　はい

나까에 하잇떼모 이-데스까

여기서 담배를 피워도 될까요?

ここでたばこを吸ってもいいですか。
　　　　　　　　　　す

고꼬니 다바꼬오 슷떼모 이-데스까

저걸 좀 보여 줄래요?

あれをちょっと見せてもらえますか。
　　　　　　　　み

아레오 촛또 미세떼 모라에마스까

미안해요. 잠깐 지나갈게요.

すみません。ちょっと通らせてください。
　　　　　　　　　　とお

스미마셍. 촛또 도오라세떼 구다사이

예, 하세요.

ええ、どうぞ。

에-, 도-조

그건 좀 곤란한데요.

それはちょっと困るんですが。
　　　　　　　　こま

소레와 촛또 고마룬데스가

Conversation

A: **写真を撮らせてもらってもいいですか。**
　　しゃしん　と

B: **はい。ぜひ撮ってください。**
　　　　　　と

사진을 찍어도 되겠습니까?
예, 어서 찍으세요.

또박또박 쓰면서 말해볼까요?   >> 말하기 <<

中へ入ってもいいですか。

ここでたばこを吸ってもいいですか。

あれをちょっと見せてもらえますか。

すみません。ちょっと通らせてください。

ええ、どうぞ。

それはちょっと困るんですが。

Unit 10 찬성하거나 반대할 때

>> 녹음을 듣고 소리내어 읽어볼까요?   **듣기**

그거 좋은 아이디어이군요.
それはいいアイディアですね。
소레와 이- 아이디아데스네

나도 그렇게 생각해요.
わたしもそう思います。
와따시모 소- 오모이마스

아뇨, 난 그렇게 생각하지 않아요.
いいえ、わたしはそうは思いません。
이-에, 와따시와 소-와 오모이마셍

그건 제 생각과는 달라요.
それはわたしの考えとはちがいます。
소레와 와따시노 강가에또와 치가이마스

미안하지만, 난 찬성할 수 없어요.
悪いけど、わたしは賛成できません。
와루이께도, 와따시와 산세-데끼마셍

그건 절대로 무리예요.
それは絶対に無理ですよ。
소레와 젯따이니 무리데스요

Conversation

A: この計画はそのまま進めてください。
B: はい、かしこまりました。

이 계획은 그대로 진행하세요.
네, 잘 알겠습니다.

✎ それはいいアイディアですね。

✎ わたしもそう思います。

✎ いいえ、わたしはそうは思いません。

✎ それはわたしの考えとはちがいます。

✎ 悪いけど、わたしは賛成できません。

✎ それは絶対に無理ですよ。

대화 연습 PART 02

● 대화 내용의 녹음을 듣고 우리말을 일본어로 말해 보세요.

Unit 01
A: 저—, 요시무라 씨!
B: はい、田中さん。どうしました?

Unit 02
A: 그래 맞아요.
B: そうですよ。おっしゃるとおりです。

Unit 03
A: 뭐라고요?
B: だから、言ったじゃないの。

Unit 04
A: もうひとつ、질문이 있습니다.
B: はい、何ですか。

Unit 05
A: わたしが案内しましょう。
B: どうも、괜찮다면 부탁할게요.

Unit 06
A: 차 좀 드세요.
B: これは何のお茶ですか。

Unit 07
A: 여기까지 알겠어요?
B: はい、わかりました。もう少し進んでください。

Unit 08
A: 당신은 어떻게 생각하세요?
B: わたしも同感です。

Unit 09
A: 사진을 찍어도 되겠습니까?
B: はい。ぜひ撮ってください。

Unit 10
A: この計画はそのまま進めてください。
B: 네, 잘 알겠습니다.

PART 03

書くことで会話が身につく

✿ 눈으로 읽고
✿ 귀로 듣고
✿ 손으로 쓰고
✿ 입으로 소리내어 말한다!

자기소개 표현

 # Unit 01 개인 신상에 대해 말할 때

» 녹음을 듣고 소리내어 읽어볼까요?   듣기

생일은 언제이세요?
お誕生日はいつですか。
오딴죠-비와 이쯔데스까

올해 몇이세요?
今年、おいくつですか。
고또시, 오이꾸쯔데스까

어느 나라 사람이세요?
お国はどちらですか。
오꾸니와 도찌라데스까

어디에서 자랐어요?
どこで育ちましたか。
도꼬데 소다찌마시다까

무슨 종교를 가지고 계세요?
どの宗教をお持ちですか。
도노 슈-꾜-오 오모찌데스까

앞으로 무엇이 되고 싶으세요.
将来、何になりたいんですか。
쇼-라이, 나니니 나리따인데스까

Conversation

A: わたしはいくつに見えますか。
B: およそ30前後でしょうね。
제가 몇 살로 보이세요?
대략 서른 안팎 같은데요.

>> 또박또박 쓰면서 말해볼까요?　　　　　　　　　　　>> 말하기

✏ お誕生日はいつですか。

✏ 今年、おいくつですか。

✏ お国はどちらですか。

✏ どこで育ちましたか。

✏ どの宗教をお持ちですか。

✏ 将来、何になりたいんですか。

Unit 02 가족에 대해 말할 때

>> 녹음을 듣고 소리내어 읽어볼까요?   **듣기**

가족은 몇 분이세요?
何人家族ですか。
난닝 카조꾸데스까

형제자매는 있으세요?
兄弟姉妹はおありですか。
쿄-다이 시마이와 오아리데스까

형제는 몇 명이세요?
ご兄弟は何人ですか。
고쿄-다이와 난닌데스까

부모님과 남동생이 있습니다.
両親とおとうとがいます。
료-신또 오또-또가 이마스

우리집은 대가족입니다.
うちは大家族です。
우찌와 다이카조꾸데스

아직 아이는 없어요.
まだ子供はいません。
마다 고도모와 이마셍

Conversation

A: 何人家族ですか。
B: 4人家族です。両親といもうととわたしです。

가족은 몇 분이세요?
네 식구입니다. 부모님과 여동생과 저입니다.

 >> 또박또박 쓰면서 말해볼까요?  >> 말하기 <<

何人家族ですか。

兄弟姉妹はおありですか。

ご兄弟は何人ですか。

両親とおとうとがいます。

うちは大家族です。

まだ子供はいません。

 # Unit 03 학교에 대해 말할 때

>> 녹음을 듣고 소리내어 읽어볼까요?

어느 학교를 나왔어요?
どちらの学校を出ましたか。
도찌라노 각꼬-오 데마시다까

어느 대학을 다니고 있어요?
どちらの大学に行っていますか。
도찌라노 다이가꾸니 잇떼 이마스까

전공은 무엇이에요?
専攻は何ですか。
셍꼬-와 난데스까

무엇을 전공하셨어요?
何を専攻なさいましたか。
나니오 셍꼬- 나사이마시다까

몇 학년이에요?
何年生ですか。
난넨세-데스까

학생이세요?
学生さんですか。
각세-산데스까

Conversation

A: **大学で何を専攻したのですか。**
B: **経営学です。**

대학에서 무엇을 전공했나요?
경영학입니다.

또박또박 쓰면서 말해볼까요? >> 말하기

✏️ どちらの学校を出ましたか。

✏️ どちらの大学に行っていますか。

✏️ 専攻は何ですか。

✏️ 何を専攻なさいましたか。

✏️ 何年生ですか。

✏️ 学生さんですか。

 # Unit 04 학교생활에 대해 말할 때

>> 녹음을 듣고 소리내어 읽어볼까요? 　듣기

무슨 동아리에 들었어요?

何のクラブに入ってるんですか。

난노 쿠라부니 하잇떼룬데스까

무슨 아르바이트를 하죠?

何のアルバイトをしているんですか。

난노 아루바이토오 시떼 이룬데스까

언제부터 중간고사가 시작되어요?

いつから中間テストが始まりますか。

이쯔까라 츄-깐 테스토가 하지마리마스까

내일부터 기말시험이에요.

あしたから期末試験です。

아시타까라 기마쯔시껭데스

이번 시험은 어땠어요?

今度の試験はどうでしたか。

곤도노 시껭와 도-데시다까

졸업하면 어떻게 할 거예요?

卒業したらどうするんですか。

소쯔교-시따라 도- 스룬데스까

Conversation

A: **今度の試験はどうでしたか。**
B: **思ったよりなかなか難しかったですよ。**
　 이번 시험은 어땠어요?
　 생각보다 상당히 어려웠어요.

 >> 또박또박 쓰면서 말해볼까요?   >> 말하기 <<

🖉 何のクラブに入ってるんですか。

🖉 何のアルバイトをしているんですか。

🖉 いつから中間テストが始まりますか。

🖉 あしたから期末試験です。

🖉 今度の試験はどうでしたか。

🖉 卒業したらどうするんですか。

Unit 05 직장에 대해 말할 때

>> 녹음을 듣고 소리내어 읽어볼까요?   **듣기**

당신은 회사원이세요?
あなたは会社員ですか。
아나따와 카이샤인데스까

어느 회사에 근무하세요?
どの会社に勤めていますか。
도노 카이샤니 쓰또메떼 이마스까

사무실은 어디에 있어요?
オフィスはどこですか。
오휘스와 도꼬데스까

회사는 어디에 있어요?
会社はどこにあるんですか。
카이샤와 도꼬니 아룬데스까

이 회사에 근무합니다.
この会社に勤めています。
고노 카이샤니 쓰또메떼 이마스

이 회사에서 영업을 하고 있습니다.
この会社で営業をやっています。
고노 카이샤데 에-교-오 얏떼 이마스

Conversation

A: どのような会社で働いているのですか。
B: 貿易会社で働いています。

어떤 회사에서 일하세요?
무역회사에서 일하고 있습니다.

또박또박 쓰면서 말해볼까요?   >> 말하기 <<

✎ あなたは会社員ですか。

✎ どの会社に勤めていますか。

✎ オフィスはどこですか。

✎ 会社はどこにあるんですか。

✎ この会社に勤めています。

✎ この会社で営業をやっています。

Unit 06 직장생활에 대해 말할 때

>> 녹음을 들고 소리내어 읽어볼까요?

자, 일을 시작합시다.
さあ、仕事を始めましょう。
사-, 시고또오 하지메마쇼-

잠깐 쉽시다.
ひと休みしましょう。
히또야스미 시마쇼-

곧 점심시간이에요.
そろそろ昼食の時間ですよ。
소로소로 츄-쇼꾸노 지깐데스요

먼저 갈게요.
おさきに失礼します。
오사끼니 시쯔레-시마스

수고하셨습니다. 내일 또 봐요!
おつかれさまでした。またあした!
오쓰까레사마데시다. 마따 아시따

퇴근길에 식사라도 할까요?
帰りに食事でもしましょうか。
가에리니 쇼꾸지데모 시마쇼-까

Conversation

A: 休暇のときはなにをするつもりですか。
B: まだ決めていません。
휴가 때는 무얼 할 생각이세요?
아직 정하지 않았어요.

 >> 또박또박 쓰면서 말해볼까요?  >> 말하기 <<

- さあ、仕事を始めましょう。

- ひと休みしましょう。

- そろそろ昼食の時間ですよ。

- おさきに失礼します。

- おつかれさまでした。またあした!

- 帰りに食事でもしましょうか。

# Unit 07 거주지에 대해 말할 때

>> 녹음을 듣고 소리내어 읽어볼까요?

어디에 사세요?
お住まいはどちらですか。
오스마이와 도찌라데스까

어느 동네에 사세요?
どこの町にお住まいですか。
도꼬노 마찌니 오스마이데스까

댁은 몇 번지이세요?
お宅は何番地ですか。
오타꾸와 남반찌데스까

직장에서 가까워요?
お勤めからは近いですか。
오쓰또메까라와 치까이데스까

원룸 맨션에 살고 있나요?
ワンルームマンションに住んでいますか。
완루-무 만숀니 슨데이마스까

댁은 어떤 집이세요?
お宅はどんな家ですか。
오타꾸와 돈나 이에데스까

Conversation

A: 来月、いけぶくろに引っ越します。
B: すごいですね。家を買いましたか。

다음 달, 이케부쿠로로 이사해요.
대단하네요. 집을 샀어요?

- お住まいはどちらですか。

- どこの町にお住まいですか。

- お宅は何番地ですか。

- お勤めからは近いですか。

- ワンルームマンションに住んでいますか。

- お宅はどんな家ですか。

 # Unit 08 연애에 대해 말할 때

>> 녹음을 듣고 소리내어 읽어볼까요?   듣기

우리들은 사이가 좋아요.
わたしたちは仲よしです。
와따시타찌와 나까요시데스

그녀는 그저 친구예요.
彼女はほんの友達ですよ。
가노죠와 혼노 도모타찌데스요

이성 친구는 있어요?
異性の友達はいますか。
이세-노 도모타찌와 이마스까

남자 친구가 있어요?
ボーイフレンドがいますか。
보-이후렌도가 이마스까

나를 어떻게 생각해요?
わたしのことをどう思っていますか。
와따시노 고또오 도- 오못떼 이마스까

나와 사귀지 않을래요?
わたしとつき合ってくれませんか。
와따시또 쓰끼앗떼 구레마셍까

Conversation

A: 彼のことを考えると、とてもせつなくなるの。
B: それは恋かもね。

그를 생각하면 아주 절실해져.
그게 사랑일지도 몰라.

>> 또박또박 쓰면서 말해볼까요?   >> 말하기 <<

✎ わたしたちは仲よしです。

✎ 彼女はほんの友達ですよ。

✎ 異性の友達はいますか。

✎ ボーイフレンドがいますか。

✎ わたしのことをどう思っていますか。

✎ わたしとつき合ってくれませんか。

Unit 09 결혼에 대해 말할 때

>> 녹음을 듣고 소리내어 읽어볼까요?

어떤 여자를 좋아하세요?
どんな女性が好きですか。
돈나 죠세-가 스끼데스까

어떤 사람과 결혼하고 싶으세요?
どんな人と結婚したいですか。
돈나 히토또 겍꼰시따이데스까

결혼했어요, 독신이세요?
結婚してますか、独身ですか。
겍꼰시떼 마스까, 도꾸신데스까

언제 그와 결혼하세요?
いつ彼と結婚しますか。
이쯔 가레또 겍꼰시마스까

신혼여행은 하와이로 갈 거예요.
新婚旅行はハワイへ行きます。
싱꼰료꼬-와 하와이에 이끼마스

몇 살에 결혼하고 싶습니까?
いくつで結婚したいと思いますか。
이꾸쯔데 겍꼰시따이또 오모이마스까

Conversation

A: 彼女と結婚することにしたよ。
B: そうか。よく決心したね。おめでとう。

그녀와 결혼하기로 했어.
그래? 잘 결심했어. 축하해.

>> 또박또박 쓰면서 말해볼까요?   >> 말하기

✎ どんな女性が好きですか。

✎ どんな人と結婚したいですか。

✎ 結婚してますか、独身ですか。

✎ いつ彼と結婚しますか。

✎ 新婚旅行はハワイへ行きます。

✎ いくつで結婚したいと思いますか。

 **Unit 10 결혼생활에 대해 말할 때**

>> 녹음을 듣고 소리내어 읽어볼까요?

아이는 몇 명 갖고 싶으세요?
お子さんは何人ほしいですか。
오꼬상와 난닝 호시-데스까

예정일은 언제이세요?
予定日はいつですか。
요떼-비와 이쯔데스까

아기는 남자예요, 여자예요.
赤ん坊は男ですか、女ですか。
아깜보-와 오또꼬데스까, 온나데스까

우리들은 자주 싸워요.
わたしたちはよくけんかするんですよ。
와따시다찌와 요꾸 껭까스룬데스요

지금 아내와 별거하고 있어요.
いま、妻と別居しているんです。
이마, 쓰마또 벡꾜시떼 이룬데스

이혼했습니다.
離婚しています。
리꼰시떼 이마스

Conversation

A: 今年、金婚式なんですよ。
B: そうですか。それはおめでとうございます。

올해 금혼식이에요.
그렇습니까? 축하드립니다.

>> 또박또박 쓰면서 말해볼까요?

>> 말하기

✎ お子さんは何人ほしいですか。

✎ 予定日はいつですか。

✎ 赤ん坊は男ですか、女ですか。

✎ わたしたちはよくけんかするんですよ。

✎ いま、妻と別居しているんです。

✎ 離婚しています。

대화 연습 PART 03

● 대화 내용의 녹음을 듣고 우리말을 일본어로 말해 보세요.

Unit 01
A: 제가 몇 살로 보이세요?
B: およそ30前後でしょうね。

Unit 02
A: 가족은 몇 분이세요?
B: 4人家族です。両親といもうととわたしです。

Unit 03
A: 대학에서 무엇을 전공했나요?
B: 経営学です。

Unit 04
A: 이번 시험은 어땠어요?
B: 思ったよりなかなか難しかったですよ。

Unit 05
A: 어떤 회사에서 일하세요?
B: 貿易会社で働いています。

Unit 06
A: 휴가 때는 무얼 할 생각이세요?
B: まだ決めていません。

Unit 07
A: 来月、이케부쿠로 이사해요.
B: すごいですね。家を買いましたか。

Unit 08
A: 彼のことを考えると、とてもせつなくなるの。
B: 그게 사랑일지도 몰라.

Unit 09
A: 그녀와 결혼하기로 했어.
B: そうか。よく決心したね。おめでとう。

Unit 10
A: 今年、金婚式なんですよ。
B: 그렇습니까? 축하드립니다.

PART 04

書くことで会話が身につく

✿ 눈으로 읽고
✿ 귀로 듣고
✿ 손으로 쓰고
✿ 입으로 소리내어 말한다!

감정 표현

 # 행복과 행운을 빌 때

>> 녹음을 듣고 소리내어 읽어볼까요?

부디 행복하세요.
どうぞおしあわせに。
도-조 오시아와세니

행복을 빌게요.
しあわせを祈ります。
시아와세오 이노리마스

내내 행복하시기를.
いつまでも幸福でありますように。
이쯔마데모 코-후꾸데 아리마스요-니

새해 복 많이 받으세요.
あけましておめでとうございます。
아께마시떼 오메데또- 고자이마스

여러분, 새해 복 많이 받으세요.
みなさん、新年おめでとう。
미나상, 신넹 오메데또-

행운을 빌겠습니다.
幸運を祈ります。
코-웅오 이노리마스

A: あたった!
B: ほんとうに? それはおめでとう。
당첨됐어!
정말이니? 그거 축하해.

>> 또박또박 쓰면서 말해볼까요?

>> 말하기 <<

✎ どうぞおしあわせに。

✎ しあわせを祈ります。

✎ いつまでも幸福でありますように。

✎ あけましておめでとうございます。

✎ みなさん、新年おめでとう。

✎ 幸運を祈ります。

 **Unit 02 기쁘거나 즐거울 때**

>> 녹음을 듣고 소리내어 읽어볼까요?

정말 기쁘네요.
ほんとうにうれしいですね。
혼또-니 우레시-데스네

무척 즐거워요.
とても楽(たの)しいですよ。
도떼모 다노시-데스요

기분 최고예요.
最高(さいこう)の気分(きぶん)ですよ。
사이꼬-노 기분데스요

이렇게 기쁜 일은 없어요.
これほどうれしいことはありません。
고레호도 우레시- 고또와 아리마셍

꿈꾸고 있는 것 같아요.
夢見(ゆめみ)てるようです。
유메미떼루 요-데스

기뻐서 말이 안 나와요.
うれしくてことばになりません。
우레시꾸떼 고또바니 나리마셍

Conversation

A: 来(き)ていただいて、ほんとにうれしかったです。
B: わたしも、きょうは楽(たの)しかったです。

와 주셔서 정말 기뻤습니다.
저도 오늘 즐거웠어요.

>> 또박또박 쓰면서 말해볼까요?

- ほんとうにうれしいですね。

- とても楽しいですよ。

- 最高の気分ですよ。

- これほどうれしいことはありません。

- 夢見てるようです。

- うれしくてことばになりません。

 # Unit 03 감탄하거나 칭찬할 때

>> 녹음을 듣고 소리내어 읽어볼까요?

정말로 멋지군요.
ほんとうにすばらしいですね。
혼또-니 스바라시-데스네

야, 굉장하군요.
いや、すごいですね。
이야, 스고이데스네

정말 훌륭한 사람이군요.
ほんとうにえらい人ですね。
혼또-니 에라이 히또데스네

대단하군요.
大したもんですね。
다이시따몬데스네

훌륭합니다.
お見事です。
오미고또데스

칭찬해 주셔서 고마워요.
お誉めいただいてありがとう。
오호메 이따다이떼 아리가또-

Conversation

A: 新しいネクタイ、とても似合いますよ。
B: そう言ってくれてうれしいですね。

새 넥타이 잘 어울려요.
그렇게 말해 주니 기쁘네요.

또박또박 쓰면서 말해볼까요? >> 말하기 <<

ほんとうにすばらしいですね。

いや、すごいですね。

ほんとうにえらい人ですね。

大したもんですね。

お見事です。

お誉めいただいてありがとう。

 # Unit 04 실망하거나 낙담할 때

>> 녹음을 듣고 소리내어 읽어볼까요?   듣기

정말 유감이군요.
ほんとうに残念（ざんねん）ですね。
혼또-니 잔넨데스네

실망이에요.
がっかりですよ。
각까리데스요

실망하지 마요.
がっかりしないでよ。
각까리 시나이데요

이미 포기했어요.
もうあきらめたんですよ。
모- 아끼라메딴데스요

어쩔 도리가 없어요.
どうしようもないですよ。
도- 시요-모 나이데스요

이제 방법이 없어요.
もう仕方（しかた）がないですよ。
모- 시카따가 나이데스요

A: もうどうしようもないよ。
B: また機会（きかい）があるから、まだあきらめるなよ。
　 이제 어쩔 도리가 없어
　 아직 기회가 있으니까 아직 포기하지 마.

또박또박 쓰면서 말해볼까요?   >> 말하기 <<

- ほんとうに残念ですね。

- がっかりですよ。

- がっかりしないでよ。

- もうあきらめたんですよ。

- どうしようもないですよ。

- もう仕方がないですよ。

 # Unit 05 후회할 때

>> 녹음을 듣고 소리내어 읽어볼까요?

후회하고 있어요.
後悔しているんですよ。
코-까이시떼 이룬데스요

이제 되돌릴 수가 없어요.
もう取り返しがつかないですよ。
모- 도리까에시가 쓰까나이데스요

그런 짓을 하지 않았으면 좋았을 텐데.
あんなことしなければよかったのに。
안나 고또 시나께레바 요깟따노니

바보 같은 짓을 하고 말았어요.
ばかなことをしてしまったんですよ。
바까나 고또오 시떼 시맛딴데스요

내가 한 일을 후회하고 있어.
自分のしたことを後悔している。
지분노 시따 고또오 코-까이시떼 이루

후회하지 말아요.
後悔しないでください。
코-까이시나이데 구다사이

Conversation

A: あんなことをするんじゃなかったんですよ。
B: どうしてあんなことをしたんですか。

그런 짓을 하는 게 아니었어요.
어째서 그런 일을 했어요?

>> 또박또박 쓰면서 말해볼까요?　　　　　　　　　　　　　　>> 말하기 <<

後悔しているんですよ。

もう取り返しがつかないですよ。

あんなことしなければよかったのに。

ばかなことをしてしまったんですよ。

自分のしたことを後悔している。

後悔しないでください。

Unit 06 화날 때

>> 녹음을 듣고 소리내어 읽어볼까요?

열 받아.

あたまにきたよ。

아따마니 기따요

정말 화가 나.

ほんとうに腹が立つよ。

혼또-니 하라가 다쯔요

바보 취급하지 마요!

ばかにしないでよ!

바까니 시나이데요

더 이상 참을 수 없어요.

もう我慢できないんですよ。

모- 가만 데끼나인데스요

진정해요!

落ち着いて!

오찌쓰이떼

화낼 필요는 없습니다.

おこる必要はありません。

오꼬루 히쯔요-와 아리마셍

Conversation

A: あたまにきたよ。
B: その気持ちはよくわかります。

열 받네.
그 기분은 잘 알겠습니다.

>> 또박또박 쓰면서 말해볼까요?   >> 말하기 <<

あたまにきたよ。

ほんとうに腹が立つよ。

ばかにしないでよ!

もう我慢できないんですよ。

落ち着いて!

おこる必要はありません。

 **Unit 07 슬프거나 외로울 때**

>> 녹음을 듣고 소리내어 읽어볼까요?

왠지 슬프군요.
なんだか悲しいですね。
난다까 가나시-데스네

정말로 상처받았어요.
ほんとうに傷ついたんですよ。
혼또-니 기즈쓰이딴데스요

오늘은 쓸쓸하군요.
きょうはさびしいですね。
쿄-와 사비시-데스네

난 늘 외로워요.
わたしはいつも孤独です。
와따시와 이쯔모 고도꾸데스

아무 것도 할 마음이 안 생겨요.
なにもやる気がおきません。
나니모 야루 키가 오끼마셍

왜 우울하세요?
どうしてゆううつですか。
도-시떼 유-우쯔데스까

Conversation

A: きょうはゆううつだ。
B: どうしてゆううつなの?
오늘은 우울해.
왜 우울한데?

>> 또박또박 쓰면서 말해볼까요?　　　　　　　　　　　　　　>> 말하기 <<

✎ なんだか悲しいですね。

✎ ほんとうに傷ついたんですよ。

✎ きょうはさびしいですね。

✎ わたしはいつも孤独です。

✎ なにもやる気がおきません。

✎ どうしてゆううつですか。

 # Unit 08 놀랍거나 무서울 때

>> 녹음을 듣고 소리내어 읽어볼까요?   듣기

깜짝 놀랐어요.

びっくりしましたよ。

빅꾸리시마시다요

그럴 리가 없어요.

そんなはずはありません。

손나 하즈와 아리마셍

그거 놀랍군요.

それはおどろきましたね。

소레와 오도로끼마시다네.

놀라게 하지 마세요.

びっくりさせないでよ。

빅꾸리 사세나이데요

정말로 무섭군요.

ほんとうにおそろしいですね。

혼또-니 오소로시-데스네

뒤탈이 무서워요.

あとのたたりがおそろしいですよ。

아또노 다따리가 오소로시-데스요

Conversation

A: 大丈夫ですか。
B: ええ、ちょっとびっくりしただけです。

괜찮아요?
예, 좀 놀랐을 뿐이에요.

또박또박 쓰면서 말해볼까요?

>> 말하기 <<

✎ びっくりしましたよ。

✎ そんなはずはありません。

✎ それはおどろきましたね。

✎ びっくりさせないでよ。

✎ ほんとうにおそろしいですね。

✎ あとのたたりがおそろしいですよ。

 **Unit 09 걱정하거나 위로할 때**

≫ 녹음을 듣고 소리내어 읽어볼까요? <<듣기>>

괜찮아요?
大丈夫ですか。
다이죠-부데스까

어디 몸이 불편하세요?
どこか具合が悪いんですか。
도꼬까 구아이가 와루인데스까

무리하지 않는 게 좋겠어요.
無理しないほうがいいですよ。
무리시나이 호-가 이-데스요

기분은 어때요?
気分はどうですか。
기붕와 도-데스까

무슨 걱정거리라도 있어요?
何か心配事でもありますか。
나니까 심빠이고또데모 아리마스까

무슨 일이 있었어요?
何かあったんですか。
나니까 앗딴데스까

Conversation

A: どうかしたの？元気なさそうだな。
B: いや、べつに。

무슨 일 있니? 힘이 없어 보이는데.
아니, 별로.

 >> 또박또박 쓰면서 말해볼까요?  >> 말하기 <<

✎ 大丈夫ですか。

✎ どこか具合が悪いんですか。

✎ 無理しないほうがいいですよ。

✎ 気分はどうですか。

✎ 何か心配事でもありますか。

✎ 何かあったんですか。

 # 좋고 싫음을 나타낼 때

>> 녹음을 듣고 소리내어 읽어볼까요?   듣기

당신은 무엇을 가장 좋아하세요?
あなたは何がいちばん好きですか。
아나따와 나니가 이찌반 스끼데스까

커피를 좋아하십니까?
コーヒーがお好きですか。
코-히-가 오스끼데스까

왜 그를 싫어해요?
どうして彼が嫌いですか。
도-시떼 가레가 기라이데스까

이 바지 마음에 들어요?
このズボン、気に入っているんですか。
고노 즈봉, 기니 잇떼 이룬데스까

그건 별로 안 좋아해요.
それはあんまり好きじゃないんですよ。
소레와 암마리 스끼쟈 나인데스요

이거 그다지 마음에 들지 않아요.
これ、あまり気に入らないんです。
고레, 아마리 기니 이라나이나인데스

 Conversation

A: わたしは歩くのが好きです。
B: 今度いっしょに歩きませんか。

나는 걷는 것을 좋아해요.
다음에 같이 걸을까요?

또박또박 쓰면서 말해볼까요?   >> 말하기 <<

✏ あなたは何がいちばん好きですか。

✏ コーヒーがお好きですか。

✏ どうして彼が嫌いですか。

✏ このズボン、気に入っているんですか。

✏ それはあんまり好きじゃないんですよ。

✏ これ、あまり気に入らないんです。

대화 연습 PART 04

● 대화 내용의 녹음을 듣고 우리말을 일본어로 말해 보세요.

Unit 01
A: 당첨됐어!
B: ほんとうに？それはおめでとう。

Unit 02
A: 来(き)ていただいて、ほんとにうれしかったです。
B: わたしも、오늘 즐거웠어요.

Unit 03
A: 새 넥타이 잘 어울려요.
B: そう言(い)ってくれてうれしいですね。

Unit 04
A: もうどうしようもないよ。
B: また機会(きかい)があるから、아직 포기하지 마.

Unit 05
A: あんなことをするんじゃなかったんですよ。
B: 어째서 그런 일을 했어요?

Unit 06
A: 열 받네.
B: その気持(きも)ちはよくわかります。

Unit 07
A: 오늘은 우울해.
B: どうしてゆううつなの？

Unit 08
A: 大丈夫(だいじょうぶ)ですか。
B: ええ、좀 놀랐을 뿐이에요.

Unit 09
A: 무슨 일 있니? 元気(げんき)なさそうだな。
B: いや、べつに。

Unit 10
A: 나는 걷는 것을 좋아해요.
B: 今度(こんど)いっしょに歩(ある)きませんか。

PART 05

書くことで会話が身につく

✡ 눈으로 읽고
✡ 귀로 듣고
✡ 손으로 쓰고
✡ 입으로 소리내어 말한다!

화제
표현

Unit 01 건강에 대해 말할 때

» 녹음을 듣고 소리내어 읽어볼까요?　

듣기

오늘 기분은 어때요?
きょうの気分はどうですか。
쿄-노 기붕와 도-데스까

기운이 없어 보이네요.
元気がないようですね。
겡끼가 나이요-데스네

어디 편찮으세요?
ご気分でも悪いんですか。
고키분데모 와루인데스까

어디가 안 좋으세요?
どこが悪いんですか。
도꼬가 와루인데스까

늘 운동하세요?
いつも運動していますか。
이쯔모 운도-시떼 이마스까

요즘 운동 부족이에요.
このところ運動不足です。
고노도꼬로 운도-부소꾸데스

Conversation

A: お体の具合はもうよろしいですか。
B: ええ、だいぶよくなりました。

건강은 이제 괜찮으세요?
네, 많이 좋아졌어요.

또박또박 쓰면서 말해볼까요?

>> 말하기 <<

✏ きょうの気分はどうですか。

✏ 元気がないようですね。

✏ ご気分でも悪いんですか。

✏ どこが悪いんですか。

✏ いつも運動していますか。

✏ このところ運動不足です。

성격에 대해 말할 때

>> 녹음을 듣고 소리내어 읽어볼까요?

듣기

당신의 성격이 어떻다고 생각하세요?
あなたの性格はどんなだと思いますか。
아나따노 세-카꾸와 돈나다또 오모이마스까

친구는 잘 사귀는 편이세요?
友達はすぐできるほうですか。
도모다찌와 스구 데끼루 호-데스까

당신은 외향적이라고 생각하세요?
あなたは外向的だと思いますか。
아나따와 가이꼬-테끼다또 오모이마스까

남자 친구는 소극적인 성격이에요.
彼はひっこみ思案のほうです。
카레와 힉꼬미지안노 호-데스

여자 친구는 성격이 급한 편이에요.
彼女は気が短いほうです。
가노죠와 기가 미지까이 호-데스

남자 친구는 장난기가 좀 있어요.
彼はちょっといたずらっ気があります。
카레와 춋또 이따즈락께가 아리마스

Conversation

A: 友達はすぐできるほうですか。
B: いいえ、あまり社交的ではありません。

친구는 잘 사귀는 편이세요?
아뇨, 그다지 사교적이 아니에요.

>> 또박또박 쓰면서 말해볼까요?   >> 말하기 <<

✎ あなたの性格はどんなだと思いますか。

✎ 友達はすぐできるほうですか。

✎ あなたは外向的だと思いますか。

✎ 彼はひっこみ思案のほうです。

✎ 彼女は気が短いほうです。

✎ 彼はちょっといたずらっ気があります。

# Unit 03 식성과 맛에 대해 말할 때

>> 녹음을 듣고 소리내어 읽어볼까요?   듣기

요즘 별로 식욕이 없어요.
このごろあまり食欲がありません。
고노고로 아마리 쇼꾸요꾸가 아리마셍

맛은 어때요?
味はどうですか。
아지와 도-데스까

정말로 맛있군요.
ほんとうにおいしいですね。
혼또-니 오이시-데스네

이 요리 맛있네요.
この料理、うまいですね。
고노 료-리, 우마이데스네

이건, 맛이 없어요.
これ、まずいですよ。
고레, 마즈이데스요

아쉽지만 입에 안 맞아요.
残念ながら口に合いません。
잔넨나가라 구찌니 아이마셍

Conversation

A: これ、味はどうですか。
B: けっこうおいしいですよ。
　이거 맛이 어때요?
　정말 맛있어요.

또박또박 쓰면서 말해볼까요? >> 말하기 <<

✏ このごろあまり食欲がありません。

✏ 味はどうですか。

✏ ほんとうにおいしいですね。

✏ この料理、うまいですね。

✏ これ、まずいですよ。

✏ 残念ながら口に合いません。

Unit 04 외모에 대해 말할 때

>> 녹음을 듣고 소리내어 읽어볼까요?

 듣기

키가 어떻게 돼요?
背はどのくらいありますか。
세와 도노쿠라이 아리마스까

몸무게는 어떻게 돼요?
体重はどのくらいですか。
타이쥬-와 도노쿠라이데스까

좀 살이 찐 것 같아요.
ちょっと太りすぎてるようです。
촛또 후또리스기떼루 요-데스

눈이 예쁘고 귀여운 여자가 좋아요.
目がきれいなかわいい女の子が好きです。
메가 기레이나 가와이- 온나노 꼬가 스끼데스

남자 친구는 미남이에요.
彼はハンサムです。
가레와 한사무데스

난 아버지를 많이 닮았어요.
わたしは父によく似ています。
와따시와 치찌니 요꾸 니떼 이마스

Conversation

A: 彼女はかわいい?
B: うん。美しいというよりむしろかわいい女だよ。

여자 친구는 귀엽니?
응, 아름답다기보다는 오히려 사랑스런 여자야.

>> 또박또박 쓰면서 말해볼까요?   >> 말하기 <<

✏ 背はどのくらいありますか。

✏ 体重はどのくらいですか。

✏ ちょっと太りすぎてるようです。

✏ 目がきれいなかわいい女の子が好きです。

✏ 彼はハンサムです。

✏ わたしは父によく似ています。

 # Unit 05 옷차림에 대해 말할 때

>> 녹음을 듣고 소리내어 읽어볼까요?   **듣기**

오늘은 무얼 입고 갈까?

きょうは何を着て行こうかな。

쿄-와 나니오 기떼 이꼬-까나

이 셔츠와 이 넥타이는 안 어울릴까?

このシャツとこのネクタイは合わないかな。

고노 샤츠또 고노 네쿠타이와 아와나이까나

옷에 맞는 가방이 없어요.

洋服に合ったバッグがありません。

요-후꾸니 앗따 박구가 아리마셍

이 옷은 어린 티가 나지 않아요?

この服は子供っぽくないんですか。

고노 후꾸와 고도몹뽀꾸나인데스까

이 바지는 맞춰 입기에 좋아요.

このズボンはきまわしがききます。

고노 즈봉와 기마와시가 기끼마스

이건 지금 유행하는 헤어스타일이에요.

これは今流行のヘアスタイルです。

고레와 이마 류-꼬-노 헤아스타이루데스

Conversation

A: **きょうは何を着て行こうかな。**
B: **カジュアルなほうがいいですよ。**

오늘은 무얼 입고 갈까?
캐주얼한 게 좋겠어요.

또박또박 쓰면서 말해볼까요?　　　　　　　　>> 말하기 <<

✎ きょうは何を着て行こうかな。

✎ このシャツとこのネクタイは合わないかな。

✎ 洋服に合ったバッグがありません。

✎ この服は子供っぽくないんですか。

✎ このズボンはきまわしがききます。

✎ これは今流行のヘアスタイルです。

# 시간에 대해 말할 때

>> 녹음을 듣고 소리내어 읽어볼까요?

듣기

지금 몇 시입니까?
今、何時ですか。
이마, 난지데스까

10시 5분전입니다.
10時5分前です。
쥬-지 고훔마에데스

9시 15분이 지났어요.
9時15分過ぎです。
쿠지 쥬-고훈 스기데스

몇 시에 약속이 있어요?
何時に約束がありますか。
난지니 약소꾸가 아리마스까

이제 갈 시간이에요.
もう行く時間ですよ。
모- 이꾸 지깐데스요

시간이 없어요.
時間がありませんよ。
지깡가 아리마셍요

Conversation

A: そろそろ帰りましょうか。
B: もう、こんな時間ですね。

이제 갈까요?
벌써 시간이 되었네요.

 >> 또박또박 쓰면서 말해볼까요?    >> 말하기 <<

今、何時ですか。

10時5分前です。

9時15分過ぎです。

何時に約束がありますか。

もう行く時間ですよ。

時間がありませんよ。

 # Unit 07 날짜와 요일에 대해 말할 때

>> 녹음을 듣고 소리내어 읽어볼까요?  듣기

오늘은 며칠입니까?
今日は何日ですか。
쿄-와 난니찌데스까

오늘은 무슨 요일입니까?
今日は何曜日ですか。
쿄-와 낭요-비데스까

오늘은 몇 월 며칠입니까?
今日は何月何日ですか。
쿄-와 낭가쯔 난니찌데스까

당신의 생일은 언제입니까?
あなたの誕生日はいつですか。
아나따노 탄죠-비와 이쯔데스까

몇 년생이세요?
何年の生まれですか。
난넨노 우마레데스까

무슨 띠이세요?
何年ですか。
나니도시데스까

 Conversation

A: 今日は何日ですか。
B: 4月24日です。今年はうるう年ですよ。

오늘은 며칠인가요?
4월 24일입니다. 올해는 윤년이에요.

>> 또박또박 쓰면서 말해볼까요?   >> 말하기 <<

今日は何日ですか。

今日は何曜日ですか。

今日は何月何日ですか。

あなたの誕生日はいつですか。

何年の生まれですか。

何年ですか。

 # Unit 08 날씨에 대해 말할 때

>> 녹음을 듣고 소리내어 읽어볼까요?

오늘은 날씨가 어때요?
今日はどんな天気ですか。
쿄-와 돈나 텡끼데스까

주말 날씨는 어때요?
週末の天気はどうですか。
슈-마쯔노 텡끼와 도-데스까

점점 따뜻해지는군요.
だんだん暖かくなってきましたね。
단당 아따따까꾸낫떼 기마시따네

오늘은 상당히 덥군요.
今日はなかなか暑いですね。
쿄-와 나까나까 아쯔이데스네

시원해서 기분이 좋군요.
涼しくて気持ちがいいですね。
스즈시꾸떼 기모찌가 이-데스네

추워졌어요.
寒くなりましたね。
사무꾸 나리마시따네

Conversation

A: **今日はいい天気ですね。**
B: **そうですね。こんな日はどこかへ行きたくなります。**

오늘은 날씨가 좋군요.
그렇군요. 이런 날은 어딘가 떠나고 싶어져요.

>> 또박또박 쓰면서 말해볼까요?　　　　　　　　　　　　>> 말하기

✎ 今日はどんな天気ですか。

✎ 週末の天気はどうですか。

✎ だんだん暖かくなってきましたね。

✎ 今日はなかなか暑いですね。

✎ 涼しくて気持ちがいいですね。

✎ 寒くなりましたね。

 ## Unit 09 계절에 대해 말할 때

>> 녹음을 듣고 소리내어 읽어볼까요?

이제 곧 따뜻한 봄이군요.
もうすぐあたたかい春ですね。
모- 스구 아따따까이 하루데스네

장마가 들었어요.
つゆに入りましたよ。
쓰유니 하이리마시다요

이제 무더운 여름도 막바지이군요.
もうむし暑い夏も終わりですね。
모- 무시아쯔이 나쯔모 오와리데스네

시원한 가을이 되었군요.
涼しい秋になりましたね。
스즈시- 아끼니 나리마시따네

드디어 추운 겨울이군요.
いよいよ寒い冬ですね。
이요이요 사무이 후유데스네

해가 무척 짧아졌어요.
すっかり日が短くなりました。
슥까리 히가 미지카꾸 나리마시다

Conversation

A: 春が待ちどおしいですね。
B: 今年の冬はとても長かったんですからね。

봄이 기다려져요.
올 겨울은 무척 길었으니까요.

또박또박 쓰면서 말해볼까요? >> 말하기 <<

- もうすぐあたたかい春ですね。

- つゆに入りましたよ。

- もうむし暑い夏も終わりですね。

- 涼しい秋になりましたね。

- いよいよ寒い冬ですね。

- すっかり日が短くなりました。

술과 담배에 대해 말할 때

>> 녹음을 듣고 소리내어 읽어볼까요?

어느 정도 술을 마시나요?

どのくらい酒を飲みますか。

도노쿠라이 사께오 노미마스까

저는 술에 약한 편이에요.

わたしは酒に弱いほうです。

와따시와 사께니 요와이 호-데스

김씨는 술꾼이에요.

キムさんは大酒飲みです。

키무상와 오-자께노미데스

앞으로 담배와 술을 끊으려고 해요.

これからタバコとお酒をやめようと思っています。

고레까라 타바코또 오사께오 야메요-또 오못떼 이마스

여기서 담배를 피워도 될까요?

ここでタバコを吸ってもいいですか。

고꼬데 다바꼬오 슷떼모 이-데쇼-까

여기는 금연입니다.

ここは禁煙になっています。

고꼬와 깅엔니 낫떼 이마스

Conversation

A: タバコをやめたほうがいいよ。

B: わかっているけど、やめられないんだよ。

담배를 끊는 게 좋겠어.
알지만 끊을 수가 없어.

>> 또박또박 쓰면서 말해볼까요?   >> 말하기

- どのくらい酒を飲みますか。

- わたしは酒に弱いほうです。

- キムさんは大酒飲みです。

- これからタバコとお酒をやめようと思っています。

- ここでタバコを吸ってもいいですか。

- ここは禁煙になっています。

 대화 연습 PART 05

● 대화 내용의 녹음을 듣고 우리말을 일본어로 말해 보세요.

Unit 01
A: 건강은 이제 괜찮으세요?
B: ええ、だいぶよくなりました。

Unit 02
A: 友達はすぐできるほうですか。
B: いいえ、 그다지 사교적이 아니에요.

Unit 03
A: 이거 맛이 어때요?
B: けっこうおいしいですよ。

Unit 04
A: 彼女はかわいい？
B: うん。 아름답다기보다는 오히려 사랑스런 여자야.

Unit 05
A: きょうは何を着て行こうかな。
B: 캐주얼한 게 좋겠어요.

Unit 06
A: そろそろ帰りましょうか。
B: 벌써 시간이 되었네요.

Unit 07
A: 오늘은 며칠인가요?
B: 4月24日です。今年はうるう年ですよ。

Unit 08
A: 今日はいい天気ですね。
B: そうですね。 이런 날은 어딘가 떠나고 싶어져요.

Unit 09
A: 봄이 기다려져요.
B: 今年の冬はとても長かったんですからね。

Unit 10
A: 담배를 끊는 게 좋겠어.
B: わかっているけど、やめられないんだよ。

PART 06

書くことで会話が身につく

✿ 눈으로 읽고
✿ 귀로 듣고
✿ 손으로 쓰고
✿ 입으로 소리내어 말한다!

취미와 여가 표현

 # Unit 01 취미에 대해 말할 때

>> 녹음을 듣고 소리내어 읽어볼까요?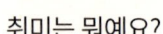

취미는 뭐예요?

ご趣味は何ですか。

고슈미와 난데스까

무슨 취미가 있어요?

何かご趣味はありますか。

낭까 고슈미와 아리마스까

일 이외에 무슨 흥미가 있어요?

仕事以外に何か興味がありますか。

시고또 이가이니 낭까 쿄-미가 아리마스까

특별히 취미라고 할 건 없어요.

特に趣味と言えるものはありません。

토꾸니 슈미또 이에루 모노와 아리마셍

이렇다 할 취미가 없어요.

これといった趣味がないんですよ。

고레또 잇따 슈미가 나인데스요

취미는 즐거운 일이에요.

趣味は楽しいですね。

슈미와 다노시-데스네

Conversation

A: わたしの趣味は囲碁です。あなたは?
B: 将棋です。

제 취미는 바둑입니다. 당신은?
장기입니다.

>> 또박또박 쓰면서 말해볼까요?   >> 말하기 <<

ご趣味は何ですか。

何かご趣味はありますか。

仕事以外に何か興味がありますか。

特に趣味と言えるものはありません。

これといった趣味がないんですよ。

趣味は楽しいですね。

 **Unit 02 여가활동에 대해 말할 때**

>> 녹음을 듣고 소리내어 읽어볼까요? 　듣기

기분전환으로 어떤 것을 하세요?
気晴らしにどんなことをしますか。
기바라시니 돈나 고또오 시마스까

일이 끝난 후에는 어떻게 보내세요?
仕事のあとはどうやって楽しんでますか。
시고또노 아또와 도-얏떼 다노신데 마스까

한가할 때는 무엇을 하세요?
お暇なときは何をなさいますか。
오히마나 도끼와 나니오 나사이마스까

매달 동호인이 모여요.
毎月、同好の士が集まるんですよ。
마이게쯔, 도-꼬-노 시가 아쯔마룬데스요

뭔가 교양 활동을 하세요?
何かけいこごとをしていますか。
나니까 케-꼬 고또오 시떼 이마스까

영화를 보며 시간을 보내요.
映画を見てひまをつぶします。
에-가오 미데 히마오 쓰부시마스

Conversation

A: **何かけいこごとをしていますか。**
B: **はい、生け花をしています。**
뭔가 교양 활동을 하나요?
네, 꽃꽂이를 하고 있습니다.

또박또박 쓰면서 말해볼까요?　　　　　　　　　　　>> 말하기 <<

気晴らしにどんなことをしますか。

仕事のあとはどうやって楽しんでますか。

お暇なときは何をなさいますか。

毎月、同好の士が集まるんですよ。

何かけいこごとをしていますか。

映画を見てひまをつぶします。

Unit 03 오락에 대해 말할 때

>> 녹음을 듣고 소리내어 읽어볼까요?

어떤 게임을 하고 싶으세요?
どんなゲームをしたいんですか。
돈나 게-무오 시따인데스까

빠찡코를 해 보고 싶네요.
パチンコをやってみたいですね。
파찡꼬오 얏떼 미따이데스네

이 게임은 재미있어서 그만둘 수 없어요.
このゲームは面白くてやめられませんよ。
고노 게-무와 오모시로꾸떼 야메라레마셍요

바둑과 장기는 좋아하세요?
碁と将棋はお好きですか。
고또 쇼-기와 오스끼데스까

내기에는 전혀 흥미가 없어요.
かけごとには全然興味がありません。
가께고또니와 젠젱 쿄-미가 아리마셍

나는 일절 도박은 안 해요.
わたしは一切ギャンブルはしません。
와따시와 잇사이 걈부루와 시마셍

Conversation

A: どんなゲームをしたいんですか。
B: そうですね、トランプかマージャンはどうですか。

어떤 게임을 하고 싶으세요?
글쎄요, 트럼프나 마작은 어때요?

또박또박 쓰면서 말해볼까요?

>> 말하기 <<

- どんなゲームをしたいんですか。

- パチンコをやってみたいですね。

- このゲームは面白くてやめられませんよ。

- 碁と将棋はお好きですか。

- かけごとには全然興味がありません。

- わたしは一切ギャンブルはしません。

Unit 04 책과 신문에 대해 말할 때

>> 녹음을 듣고 소리내어 읽어볼까요?

책을 많이 읽으세요?
本をたくさん読みますか。
홍오 닥상 요미마스까

평소 어떤 책을 읽으세요?
いつもどんな本を読みますか。
이쯔모 돈나 홍오 요미마스까

좋아하는 작가는 누구죠?
好きな作家はだれですか。
스끼나 삭까와 다레데스까

요즘 베스트셀러는 무엇이죠?
現在のベストセラーは何ですか。
겐자이노 베스토세라-와 난데스까

신문은 무엇을 구독하세요?
新聞は何をとってますか。
심붕와 나니오 돗떼마스까

어떤 잡지를 좋아하세요?
どんな雑誌が好きですか。
돈나 잣시가 스끼데스까

Conversation

A: **これはベストセラーだよ。**
B: **読んでみたい本だった。**
이것은 베스트셀러야.
읽고 싶은 책이었어.

>> 또박또박 쓰면서 말해볼까요?   >> 말하기

✏ 本をたくさん読みますか。

✏ いつもどんな本を読みますか。

✏ 好きな作家はだれですか。

✏ 現在のベストセラーは何ですか。

✏ 新聞は何をとってますか。

✏ どんな雑誌が好きですか。

Unit 05 음악에 대해 말할 때

>> 녹음을 듣고 소리내어 읽어볼까요?   듣기

어떤 음악을 좋아하세요?
どんな音楽が好きですか。
돈나 옹가꾸가 스끼데스까

음악이라도 틀까요?
何か音楽をかけましょうか。
낭까 옹가꾸오 가께마쇼-까

요즘, 인기가 있는 노래는 뭐예요?
最近、人気のある歌は何ですか。
사이낑, 닝끼노 아루 우따와 난데스까

전 음치예요.
わたしは音痴ですよ。
와따시와 온찌데스요

당신은 기타를 칠 줄 아세요?
あなたはギターを弾けますか。
아나따와 기타-오 히께마스까

이번 콘서트에 안 갈래요?
今度のコンサートに行きませんか。
곤도노 콘사-토니 이끼마셍까

Conversation

A: 彼の歌は全部大好きです。
B: わたしは彼の声が好きです。

그의 노래는 모두 다 좋아해요.
전 그의 목소리를 좋아해요.

>> 또박또박 쓰면서 말해볼까요?   >> 말하기 <<

- どんな音楽が好きですか。

- 何か音楽をかけましょうか。

- 最近、人気のある歌は何ですか。

- わたしは音痴ですよ。

- あなたはギターを弾けますか。

- 今度のコンサートに行きませんか。

Unit 06 그림에 대해 말할 때

>> 녹음을 듣고 소리내어 읽어볼까요?

어떤 그림을 좋아하세요?
どんな絵が好きですか。
돈나 에가 스끼데스까

어떤 화가를 좋아하세요?
どんな画家が好きですか。
돈나 가까가 스끼데스까

그림을 그리는 것을 무척 좋아해요.
絵を描くのが大好きです。
에오 가꾸노가 다이스끼데스

그림은 서툴어요.
絵は下手です。
에와 헤따데스

전람회에는 자주 가세요?
展覧会にはよく行きますか。
덴랑까이니와 요꾸 이끼마스까

이 그림은 뭐가 뭔지 모르겠어요.
この絵は何が何だかわからないんですよ。
고노 에와 나니가 난다까 와까라나인데스요

Conversation

A: 今回の美術展はどうでしたか。
B: すばらしかったですよ。
이번 미술전은 어땠어요?
훌륭했어요.

 >> 또박또박 쓰면서 말해볼까요?  >> 말하기 <<

- どんな絵が好きですか。

- どんな画家が好きですか。

- 絵を描くのが大好きです。

- 絵は下手です。

- 展覧会にはよく行きますか。

- この絵は何が何だかわからないんですよ。

Unit 07 텔레비전에 대해 말할 때

>> 녹음을 듣고 소리내어 읽어볼까요?

텔레비전을 켜도 될까요?

テレビをつけてもいいですか。

테레비오 쓰께떼모 이-데스까

텔레비전을 꺼줄래요?

テレビを消してくれませんか。

테레비오 게시떼 구레마셍까

채널을 바꿔도 될까요?

チャンネルを変えてもいいですか。

챤네루오 가에떼모 이-데스까

그 드라마 보세요?

あのドラマ、見ていますか。

아노 도라마, 미떼 이마스까

그 프로그램은 재미없어요.

あの番組はつまらないんです。

아노 방구미와 쓰마라나인데스

뉴스를 봅시다.

ニュースを見ましょう。

뉴-스오 미마쇼-

Conversation

A: あのドラマ、見ていますか。
B: もちろんですよ。今週もかならず見ますよ。

그 드라마 보나요?
물론이죠. 이번 주에도 꼭 볼 거예요.

>> 또박또박 쓰면서 말해볼까요?   >> 말하기 <<

✏ テレビをつけてもいいですか。

✏ テレビを消してくれませんか。

✏ チャンネルを変えてもいいですか。

✏ あのドラマ、見ていますか。

✏ あの番組はつまらないんです。

✏ ニュースを見ましょう。

PART 06 취미와 여가 표현 · 135

 **Unit 08 영화나 연극에 대해 말할 때**

>> 녹음을 듣고 소리내어 읽어볼까요?

영화는 자주 보러 가세요?
映画にはよく行きますか。
에-가니와 요꾸 이끼마스까

지금 어떤 영화를 하나요?
今どんな映画をやってますか。
이마 돈나 에-가오 얏떼마스까

어떤 영화를 좋아하세요?
どんな映画がお好きですか。
돈나 에-가가 오스끼데스까

그 영화는 어땠어요?
その映画はどうでしたか。
소노 에-가와 도-데시다까

그 연극은 언제 하나요?
あの芝居はいつやるんですか。
아노 시바이와 이쯔 야룬데스까

이 연극 재미있을 것 같은데요.
この芝居、おもしろそうですね。
고노 시바이, 오모시로소-데스네

Conversation

A: **日本のテレビの番組を見ますか。**
B: **はい、とても楽しんでいます。**
일본의 텔레비전 프로를 보나요?
네, 무척 즐기고 있어요.

>> 또박또박 쓰면서 말해볼까요?   >> 말하기 <<

- 映画にはよく行きますか。

- 今どんな映画をやってますか。

- どんな映画がお好きですか。

- その映画はどうでしたか。

- あの芝居はいつやるんですか。

- この芝居、おもしろそうですね。

Unit 09 운동이나 스포츠에 대해 말할 때

>> 녹음을 듣고 소리내어 읽어볼까요?

듣기

어떤 스포츠를 하세요?

どんなスポーツをやりますか。

돈나 스포-츠오 야리마스까

최근 골프를 시작했어요.

最近、ゴルフを始めました。

사이낑, 고루후오 하지메마시다

어떤 스포츠를 좋아하세요?

どんなスポーツが好きですか。

돈나 스포-츠가 스끼데스까

스포츠라면 무엇이든 좋아해요.

スポーツなら何でも好きです。

스포-츠나라 난데모 스끼데스

운동은 못해요.

運動は苦手です。

운도-와 니가떼데스

팀으로 하는 스포츠는 별로 안 해요.

チーム・スポーツはあまりやりません。

치-무・스포-츠와 아마리 야리마셍

Conversation

A: **毎週、日曜日にテニスをします。**
B: **だれとするのですか。**

매주 일요일에 테니스를 합니다.
누구와 하세요?

 >> 또박또박 쓰면서 말해볼까요?  >> 말하기 <<

✎ どんなスポーツをやりますか。

✎ 最近、ゴルフを始めました。

✎ どんなスポーツが好きですか。

✎ スポーツなら何でも好きです。

✎ 運動は苦手です。

✎ チーム・スポーツはあまりやりません。

Unit 10 여행에 대해 말할 때

>> 녹음을 듣고 소리내어 읽어볼까요?

어딘가로 여행을 떠나고 싶군요.
どこかへ旅に出たいですね。
도꼬까에 다비니 데따이데스네

마음 내키는 대로 여행을 하고 싶군요.
気ままな旅をしたいですね。
기마마나 다비오 시따이데스네

이번에 여행을 하죠.
今度、旅行しましょう。
곤도, 료꼬-시마쇼-

해외여행을 한 적이 있어요?
海外旅行したことがありますか。
카이가이 료꼬-시따 고또가 아리마스까

더 싼 패키지여행은 없어요?
もっと安いパック旅行はありませんか。
못또 야스이 팍쿠 료꼬-와 아리마셍까

관광 시즌이라 사람이 많네요.
観光シーズンだから人が多いですね。
캉꼬- 시-즌다까라 히또가 오-이데스네

Conversation

A: 旅に出たいな。
B: 二人で行きたいところに行ってみようか。

여행을 떠나고 싶구나.
둘이서 가고 싶은 곳에 가볼까?

또박또박 쓰면서 말해볼까요? 〉〉 말하기 〈〈

✎ どこかへ旅に出たいですね。

✎ 気ままな旅をしたいですね。

✎ 今度、旅行しましょう。

✎ 海外旅行したことがありますか。

✎ もっと安いパック旅行はありませんか。

✎ 観光シーズンだから人が多いですね。

대화 연습 PART 06

● 대화 내용의 녹음을 듣고 우리말을 일본어로 말해 보세요.

Unit 01
A: 제 취미는 바둑입니다. 당신은?
B: 将棋（しょうぎ）です。

Unit 02
A: 何（なに）かけいこごとをしていますか。
B: はい、꽃꽂이를 하고 있습니다.

Unit 03
A: どんなゲームをしたいんですか。
B: そうですね、트럼프나 마작은 어때요?

Unit 04
A: これはベストセラーだよ。
B: 읽고 싶은 책이었어.

Unit 05
A: 그의 노래는 모두 다 좋아해요.
B: わたしは彼（かれ）の声（こえ）が好（す）きです。

Unit 06
A: 이번 미술전은 어땠어요?
B: すばらしかったですよ。

Unit 07
A: 그 드라마 보나요?
B: もちろんですよ。今週（こんしゅう）もかならず見（み）ますよ。

Unit 08
A: 일본의 텔레비전 프로를 보나요?
B: はい、とても楽（たの）しんでいます。

Unit 09
A: 매주 일요일에 테니스를 합니다.
B: だれとするのですか。

Unit 10
A: 여행을 떠나고 싶구나.
B: 二人（ふたり）で行（い）きたいところに行（い）ってみようか。